Bibliografische Information der Deutschen Nationalbibliothek:

Die Deutsche Bibliothek verzeichnet diese Publikation in der Deutschen National-
bibliografie; detaillierte bibliografische Daten sind im Internet über http://dnb.d-
nb.de/ abrufbar.

Impressum:

Copyright © 2018 GRIN Verlag
Druck und Bindung: Books on Demand GmbH, Norderstedt Germany
ISBN: 9783668811553

Dieses Buch bei GRIN:

https://www.grin.com/document/444046

Kornelia Wägenbaur

Totenkult im alten Ägypten

GRIN Verlag

Kornelia Wägenbaur

Totenkult im alten Ägypten

Seminararbeit

Edith Stein Gymnasium Bretten

30.05.2018

Gliederung

1.Einführung: Totenkulte im Altertum 3

2. Ideelle Voraussetzungen des altägyptischen Totenkults 4

    2.1. Das altägyptische Menschenbild 4

    2.2. Jenseitsvorstellungen 5

        2.2.1. Todes-und Jenseitsvorstellungen im Allgemeinen 5

        2.2.2. Religion, Osiriskult 7

        2.2.3. Totengericht, Übergang ins Jenseits 8

        2.2.4. Totensprüche und Totenbuch 8

3. Praxis des Totenkults 10

    3.1. Vorbereitung der Toten und Mumifizierung 10

    3.2. Nekropolen 12

    3.3. Königsgräber am Beispiel der Cheopspyramide 12

    3.4. Grabbeigaben 14

    3.5. Miteinbeziehung der Toten ins Leben 15

        3.5.1. Totenbriefe 16

        3.5.2. Totenfeste 17

4. Zusammenfassung, Gemeinsamkeiten mit anderen Kulturen und Ausblick 18

5. Anhang: Zeittafel 20

Quellen 21

1.Einführung: Totenkulte im Altertum

In der Geschichte der Menschheit finden sich schon sehr früh Rituale. So weiß man zum Beispiel, dass es bereits bei den Neandertalern Bestattungen und damit eine Art Totenkult gab. Rituelle Handlungen sind so etwas wie eine anthropologische Konstante: Einerseits dienen sie dazu, Krisensituationen im Leben des Einzelnen zu bewältigen, andererseits stellen sie aber auch einen sozialen Akt dar. Mehr noch als in heutiger Zeit verschafften Rituale Menschen in frühgeschichtlichen Kulturen Sicherheit und stabilisierten das soziale Gefüge der Gemeinschaft.[1] Man denke etwa an Initiationsriten beim Übergang ins Erwachsenenalter oder Rituale im Zusammenhang mit Geburt, Heirat und vor allem Tod. Von der Konfrontation mit dem Tod Angehöriger und dem Sterben generell sind – und waren schon immer – alle Menschen in allen Völkern betroffen. Um die mit dieser Ausnahmesituation verbundenen Emotionen zu kanalisieren und dem Einzelnen Halt zu bieten, entwickelten sich in verschiedenen Kulturen zum Teil ähnliche Formen im Umgang mit dem Tod: die Totenkulte. Diese dienten auch dazu, die Trauernden – sowie mancherorts auch die Toten – wieder in die Gesellschaft einzugliedern.

Insgesamt spielte der Tod im Altertum eine viel größere Rolle als heute, da er durch Mangelernährung, hohe Kindersterblichkeit, Seuchen, Krankheiten und Gewalt als häufige Konfliktlösung ein ständiger Begleiter im alltäglichen Leben war. Durch die Ungewissheit über die eigene Lebenserwartung entstand eine besonders intensive Auseinandersetzung mit dem Tod und die Hoffnung auf ein Weiter-‚Leben' im Jenseits. So wurde auch den Verstorbenen viel mehr Aufmerksamkeit gewidmet. In Griechenland und dem alten Rom beispielsweise gab es nach der – zumindest in den oberen Gesellschaftsschichten – recht aufwändigen Bestattung mit Aufbahrung, Trauerzug, Totenmahl und Opfergaben noch eine neuntägige Trauerzeit, nach der die trauernde Familie sich erneut am Grab versammelte und ein Festmahl zum Abschluss der Trauerzeit abhielt. In Rom nahm die Familie erst nach Ablauf dieser neun Tage wieder am gesellschaftlichen Leben teil, in Griechenland noch später, nach etwa 30 Tagen. Es gab alljährliche Feiertage an denen man die Verstorbenen ehrte und diesen erneut Opfergaben darbrachte, vor allem Speise- und Trankopfer, um sie zu besänftigen.

Die korrekte Einhaltung der Riten war sehr wichtig, denn ohne sie konnte der Verstorbene nicht ins Jenseits gelangen. So wurde in Griechenland beispielsweise Verbrechern das Begräbnis ganz verwehrt. Ein Begräbnis war aber auch ein gesellschaftliches Ereignis, das in bessergestellten Kreisen dazu genutzt wurde, um den eigenen Status und Reichtum zur Schau zu stellen. Eine Beerdigung diente also auch zu Repräsentationszwecken. So waren bei den Römern insbesondere die Grabmonumente an Ausfallstraßen, etwa entlang der Via Appia, besonders prächtig. Es war zwar damals wie heute Aufgabe der Angehörigen, für die ordnungsgemäße Beerdigung der Toten Sorge zu tragen, aber durch die Bedeutung von Tod und Bestattung im gesellschaftlichen Leben entwickelte sich bereits in der Antike eine umfangreiche Bestattungsbranche, die etwa Klageweiber, auf Grabmonumente spezialisierte Handwerker und Bestattungsvereine, die die Beerdigung organisierten, umfasste.[2]

---

[1] Vgl. Heller, S.11.
[2] Vgl. Graen, S. 9.

In der Antike waren die Grenzen zwischen Lebenden und Toten nicht so klar definiert wie heute, unter anderem wurden die Toten durch die bereits genannten Festgelage am Grab und Opfergaben weiterhin am Leben der Hinterbliebenen beteiligt. In der Frühzeit des römischen Reiches herrschte sogar der Glaube, die Toten würden immer noch in ihren Gräbern leben, und so brachte man ihnen weiterhin Speisen, die man ‚zusammen' am Grab einnahm. Durch Bräuche wie diese vermischten sich die beiden Welten, zwischen denen es keine eindeutige Trennung gab. Dieser fließende Übergang von der Welt der Lebenden zu der der Toten spiegelt sich auch in der griechischen Mythologie wider: So steigt Orpheus in der Sage in die Unterwelt hinab, um seine Frau zurückzuholen, und kommt unbeschadet (wenn auch ohne Eurydike) wieder daraus hervor.

Trotzdem oder gerade deswegen gab es aber auch die Furcht der Lebenden vor einer Wiederkehr der Verstorbenen. Bei den Römern zum Beispiel wurden die Angehörigen während der neuntägigen Trauerzeit als ‚unrein' betrachtet und erst danach wieder in die Gesellschaft integriert. Auch Opfergaben wurden dazu genutzt, um die Toten zu besänftigen. In zahlreichen anderen Kulturen bestand ebenfalls die Furcht eines ‚Nachholens' der Angehörigen durch die Verstorbenen, sodass sich unterschiedliche Riten entwickelten, um sich davor zu schützen.

Anhand der Totenkulte wird deutlich, wie stark sich die Kulturen der Antike wechselseitig beeinflussten, so orientierten sich zum Beispiel die römischen Sarkophage an ägyptischen Vorbildern. Selbst die Gladiatorenkämpfe der Römer gingen auf etruskische Leichenspiele zur Ehrung der Toten zurück. Insbesondere Ägypten als frühe Hochkultur hatte aufgrund seiner sehr intensiven Beschäftigung mit dem Tod einen großen Einfluss auf andere, vor allem geographisch naheliegende Kulturen.

Die Allgegenwärtigkeit des Wissens um die Endlichkeit des Menschen führte bei den Ägyptern dazu, dass sie sich schon zu Lebzeiten intensiv mit dem Tod beschäftigten. Ihre Kultur ist geprägt durch ihre Vorstellungen von Tod und Jenseits, wodurch ein äußerst komplexer Totenkult entstand. Dieser umfasste unzählige Sprüche, die die Toten auf dem Weg ins Jenseits begleiten sollten, eine ausgefeilte Technik der Mumifizierung, den Bau von monumentalen Grabdenkmälern sowie einen Kult um die Versorgung der Toten auch noch lange nach der Bestattung. Aus den zahlreichen überlieferten Quellen lässt sich der Jenseitsglaube der alten Ägypter genau rekonstruieren. Aufgrund der großen Komplexität des altägyptischen Totenkults, können im Folgenden nur seine wichtigsten Charakteristika umrissen werden.

2. Ideelle Voraussetzungen des altägyptischen Totenkults

2.1. Das altägyptische Menschenbild

Nach der Vorstellung der Ägypter bestand der Mensch sowohl aus körperlichen als auch aus geistigen Bestandteilen: Während die drei irdischen Bestandteile beim Tod des Menschen vergingen, blieben die drei ‚überirdischen' auch nach dem Tod erhalten.[3] Die sterblichen waren *Chet*, der Körper, *Ren*, der Name, und *Schut*, was so viel wie Schatten bedeutet. Die jenseitigen Bestandteile waren *Ka, Ba* und *Ach*.

---

[3] Vgl. Graen, S.12. In manchen Quellen ist auch von vier oder acht Bestandteilen des Menschen die Rede.

Ka war die Lebenskraft, die jeder Mensch von Geburt an besaß. Ihm wurde eine schützende Kraft zugeschrieben. Der *Ka* war eng mit dem Körper verbunden.[4] Auch nach dem Tod musste er durch Speiseopfer ‚genährt' werden, da er für die Versorgung und den Schutz der Toten zuständig war. Es gab sogenannte *Ka*-Statuen, in denen dieser Bestandteil des Menschen nach dem Tod weiterlebte.

Ein weiterer Teil war *Ba*, die Seele, den man sich in Gestalt eines vogelartigen Wesens mit Menschenkopf vorstellte. Er hatte uneingeschränkte Bewegungsfreiheit und konnte sich sowohl im Diesseits als auch im Jenseits aufhalten. Nach dem Tod löste er sich vom Leib und kehrte nur nachts wieder zum Körper des Verstorbenen ins Grab zurück. Um dorthin aber wieder zurückkehren zu können, musste der irdische Körper erhalten bleiben, was die Mumifizierung und die damit verbundene Konservierung des Körpers so wichtig machte. Der *Ba* war es auch, der beim Totengericht geprüft wurde. Erst nach dem Bestehen dieser Prüfung wurde dem Toten das Weiterleben im Jenseits gewährt. Durch das Begräbnisritual und die korrekte Ausführung der Totenriten vereinigten sich *Ka* und *Ba* wieder miteinander.

Nach dieser Vereinigung lebte der Tote dann in Form des *Achs* weiter, was man als (Toten)geist übersetzen kann. Er stellte die Daseinsform des Menschen im Jenseits dar und besaß die Macht, vom Reich der Toten in das Reich der Lebenden einzugreifen (zum Beispiel als Rachegeist).[5]

2.2. Jenseitsvorstellungen

2.2.1. Todes-und Jenseitsvorstellungen im Allgemeinen

Schon um 4000 v. Chr. gab es in Ägypten erste religiöse Vorstellungen von einem Jenseits, die sich im Lauf der Zeit ausdifferenzierten und sich in ständigem Wandel befanden. In ihrem Zentrum stand der Glaube von einem Leben nach dem Tod.

Die Ägypter sahen den Tod nicht als Ende der Existenz, sondern lediglich als einen Übergang in eine andere Form des Lebens, es fand eine Verwandlung des Menschen in einen anderen Daseinszustand statt. Das verdeutlicht zum Beispiel ein Pyramidentext von 2350 v. Chr., in dem es heißt: „Du schläfst, damit du erwachst; Du stirbst, damit du lebst." Die Toten waren streng genommen also gar nicht tot, sondern nur ‚verwandelt'.

Damit eine Wiedergeburt im Jenseits möglich war, brauchte die Seele weiterhin ihren Körper. Um diesen zu erhalten, begannen die Ägypter früh, ihre Toten zu mumifizieren. Nur die bloße Erhaltung des Körpers reichte jedoch nicht, er musste auch nach dem Tod noch durch Opfergaben mit Nahrung versorgt werden. Wenn von Wiedergeburt gesprochen wird, ist damit keine Wiedergeburt im Diesseits gemeint, wie zum Beispiel im Hinduismus, sondern eine Wiedervereinigung des *Ba* mit dem Körper im Jenseits. Neben der Erhaltung des Körpers musste für das Weiterleben im Jenseits aber auch das Seelenheil berücksichtigt werden. Im Laufe des mittleren Reiches bildete sich die Vorstellung eines Totengerichts heraus, bei dem sich der Verstorbene für seine Taten zu Lebzeiten rechtfertigen musste (vgl. 2.2.3.).

---

[4] Vgl. Jenseits-Welten.de. URL: http://www.jenseits-welten.de/jenseitsvorstellungen/altes-aegypten.html (Aufruf am 19.05.2018).
[5] Vgl. Graen, S. 12.

Innerhalb der gut 3000 Jahre und der 31 Dynastien, die das altägyptische Reich bestand, veränderten sich auch die Jenseitsvorstellungen, die eng mit Religion und Weltbild[6] verbunden waren. Vor allem die Frage, wo das Jenseits zu finden sei, wurde im Laufe der Zeit unterschiedlich beantwortet.

Eine der ältesten Jenseitsvorstellungen hängt mit dem Mythos um den Sonnengott *Re* (oder auch *Ra* genannt) zusammen. Demnach fährt Re jeden Tag auf seiner Barke über den Himmel und bildet so das Wandern der Sonne ab, gleichzeitig altert er im Lauf des Tages. Der Sonnenuntergang wird dabei als sein Tod betrachtet. Während der Nacht fährt Re durch die Unterwelt, die *Duat*, wobei er alle möglichen Gefahren (zum Beispiel Apophis, die schlangenförmige Verkörperung des Chaos und Erzfeind des Re) abwehren muss, bis er am Morgen, bei Sonnenaufgang, wiedergeboren wird. Auf diesem Glauben basierte die Überzeugung, dass das Jenseits im Westen lag, dort, wo Re auf der Sonnenbarke jeden Abend verschwand. Diese Vorstellung wurde auch dadurch unterstützt, dass sich im Westen von Ägypten größtenteils Wüste, also ‚totes' Gebiet, befand, wo es nur wenig nennenswerte Kultur und Besiedlung gab. Mit der Vorstellung von Res Kreislauf aus Vergehen und Erneuerung verband sich die Hoffnung der Ägypter, selbst nach dem Tod wiedergeboren zu werden, genau wie der Gott.

Im alten Reich existierte noch eine weitere Vorstellung, nämlich die, dass man nach dem Tod zu dem Gott in den Himmel emporstieg und dort mit ihm zusammen auf der Sonnenbarke fuhr. Demgemäß befand sich das Jenseits also im Himmel. Allerdings war diese ‚Auffahrt in den Himmel' zuerst nur den ägyptischen Königen vorbehalten.

Am Ende des alten Reichs wurde der Glaube an ein unter der Erde gelegenes Jenseits, an ein Totenreich mit dem Gott Osiris als Herrscher, immer populärer.[7] Diese Vorstellung von der Welt der Lebenden über der Erde und der der Toten unter der Erde spiegelt sich auch in den Grabbauten der Zeit wider, die mit einem Ober- und einem Unterbau ausgestattet waren und so diese Dualität symbolisierten. Mit Osiris, der eine zentrale Rolle in den Jenseitsvorstellungen der Ägypter spielte, hing auch die Vorstellung eines Totengerichts zusammen (vgl. 2.2.3.).

Das Jenseits galt als eine Gegenwelt zum diesseitigen Leben. Dennoch war eine Kommunikation zwischen beiden Welten möglich. Diese fand in der Regel im Rahmen von Totenfesten nahe beim Grab statt bzw. im zugänglichen Bereich der Gräber. Das Grab selbst galt schon fast als ein Teil des Jenseits und musste dementsprechend mit Respekt behandelt werden. Insgesamt sahen die Ägypter das Jenseits „als eine andere Welt, die sich kaum von der diesseitigen unterschied."[8] Das wird auch an der Vorstellung deutlich, dass im Jenseits jeder ein Stück Land (im *sechet iaru*, dem sogenannten ‚Binsengefilde') erhielt, das er bestellte. Dafür wurden dem Toten auch die sogenannten *Uschebtis* mitgegeben, damit diese die Feldarbeit für ihn erledigen konnten (vgl. 3.4.). Die Verstorbenen übten auch nach dem Tod noch dasselbe Handwerk aus, das sie zu Lebzeiten innehatten. Auch war das Jenseits ebenso wie das Dies-

---

[6] Nach der Vorstellung der Ägypter war die Welt eine große Scheibe, die vom Fluss Nil durchschnitten wurde. Diese Oberwelt wurde von vier gigantischen Säulen gestützt. Darunter lag die Unterwelt. Der Himmel wurde von der Göttin *Nut* dargestellt, die Erde vom Gott *Geb*. Zwischen beiden war der Luftgott *Schu* beheimatet, der die beiden Götter getrennt voneinander hielt. Das Land des Nils galt als Zentrum der Welt; alles, was außerhalb Ägyptens lag, wurde nicht als Teil der geordneten Welt betrachtet.
[7] Vgl. Graen, S. 14.
[8] Graen, S. 15.

seits in ‚gesellschaftlich' getrennte Schichten unterteilt, von den Göttern, deren Existenzbe-
reich die Unterwelt war, bis zu deren Gefolgsleuten.

2.2.2. Religion, Osiriskult

Die Ägypter kannten viele verschiedene Götter. Zum einen verehrten sie je nach Gegend
regionale Götter, zum anderen gab es aber auch besonders wichtige, ‚kosmische' Gottheiten,
die regionenübergreifend bekannt waren, zum Beispiel Horus, Re, Osiris und Isis. Die meisten Götter wurden in Tiergestalt oder zumindest teilweise als Tiere dargestellt. Die Verehrung
der Götter wurde in Tempeln im ganzen Land von Priestern ausgeübt. Die einfache Bevölkerung hatte keinen Zutritt zu den Tempeln und war von diesem Kult größtenteils ausgeschlossen. Der Pharao wurde als Erscheinung des Horus auf Erden gesehen und sorgte an dessen
Stelle für Gerechtigkeit und Ordnung.[9]

Auch die Götterbilder änderten sich im Laufe der Zeit. Beispielsweise konnten Götter miteinander verschmelzen, wie Re, der mit dem Hauptgott von Theben Amun verschmolz, von
da an als Amun-Re bekannt war und zum lange Zeit wichtigsten Gott Ägyptens wurde. Mit
den unterschiedlichen ägyptischen Dynastien änderte sich oft auch der Stellenwert der Götter.
Meist war es der Gott der Heimatstadt der jeweils herrschenden Dynastie, der am meisten verehrt wurde.[10] In den Jenseitsvorstellungen spielte neben Re vor allem der Gott Osiris eine
wichtige Rolle: Dem Mythos nach herrschte zuerst Re über Ägypten. Nachdem er sich jedoch
aufgrund seines Alters auf seine Barke in den Himmel zurückgezogen hatte, wurde Osiris König von Ägypten. Er regierte jedoch nur bis sein Bruder Seth ihn durch eine List stürzte, tötete
und sich seines Thrones bemächtigte. Osiris' Überreste zerstückelte er in viele einzelne Teile
und verteilte sie über das ganze Land. Die Schwester und Ehefrau des Osiris, Isis, jedoch
suchte die einzelnen Teile und setzte sie mit Hilfe des Gottes der Einbalsamierung, Anubis,
wieder zusammen. Isis gelang es, Osiris durch Magie wiederzubeleben und von ihm ihren
Sohn Horus zu empfangen. Nachdem Horus herangewachsen war, besiegte er Seth und wurde
König, während Osiris die Herrschaft über das Totenreich antrat.[11]

Aus diesem Mythos entwickelte sich der Glaube an eine Unterwelt. Auch die Tradition der
Klagefrauen lässt sich auf die Vorstellung der gemeinsam mit ihrer Schwester Nephtys um
den toten Osiris trauernden Isis zurückführen. Im Kern ging es im Osiriskult darum, nach dem
Tod an die Seite des Osiris zu gelangen und seinen Status zu erreichen. Die ‚Auferstehung'
des Osiris war den Menschen ein Vorbild.

---

[9] Streng genommen wurden die Pharaonen erst ab dem neuen Reich, ungefähr 1500 v. Chr., so genannt, als sie
im Tal der Könige beigesetzt wurden.
[10] Trotz des Polytheismus der Ägypter gab es auch Zeiten, in denen der Glaube in Richtung Monotheismus ging.
Unter der Herrschaft des Pharaos Echnaton stieg der Gott Aton zum Hauptgott auf und verdrängte beinahe die
anderen Götter zeitweise.
[11] Vgl. Assman, S. 31–33.

2.2.3. Totengericht, Übergang ins Jenseits

Am Ende des alten Reichs hatte sich der Glaube an eine Unterwelt mit Osiris als Herrscher durchgesetzt. Schon damals gab es die Vorstellung eines Gerichts, das allerdings nur dann abgehalten wurde, wenn gegen den Toten Anklage erhoben wurde. Erst im mittleren Reich, ab dem 2. Jahrhundert v. Chr., kam das Konzept eines Totengerichts auf, vor dem jeder über sein Leben Rechenschaft ablegen musste.

Diese Vorstellung des Totengerichts hängt eng mit dem Mythos um den Tod und die Auferstehung von Osiris zusammen, der in seiner Funktion als Herrscher über das Totenreich auch den Platz als Richter beim Totengericht einnahm, das man sich folgendermaßen vorstellte: Das Herz des Verstorbenen wurde auf einer Waage gegen die Feder der Göttin Maat gewogen, die Gerechtigkeit und Wahrheit verkörperte. Der Totengott Anubis, der mit einem Schakalkopf dargestellt wurde, und der falkenköpfige Horus wachten über diesen Vorgang, während der ibisköpfige Gott des Wissens, Thot, das Ergebnis der Wägung festhielt. Während das Herz gewogen wurde, beteuerte der Verstorbene bestimmte Vergehen nicht begangen zu haben, er legte ein ‚negatives Sündenbekenntnis' ab. Sagte der Betroffene die Wahrheit, hielten sich Herz und Maat die Waage. Dem Verstorbenen wurde der Zutritt zum Jenseits gewährt, er wurde zu einem von Osiris' Gefolgsleuten und erlangte mit seinem *Ach* selbst göttlichen Status. Log er jedoch, wog das Herz schwerer als Maat und es wurde daraufhin von Ammit, der Verschlingerin der Toten, die mit einem Krokodilkopf, dem Rumpf eines Löwen und den Füßen eines Nilpferdes dargestellt wurde, gefressen. Das bedeutete die unwiderrufliche Auslöschung der Existenz, ein zweiter, endgültiger Tod, der als das Schlimmste erachtet wurde, was einem Ägypter passieren konnte.[12] Osiris saß dem ganzen Prozess als Richter vor, außer ihm gab es aber noch 42 andere Totenrichter. Nach Bestehen des Totengerichts und einem positiven Urteil durch Osiris konnte sich der *Ba* wieder mit dem Körper des Toten vereinigen und im Jenseits weiterleben.

Beim Totengericht wurde nicht zwischen arm und reich unterschieden, es kam auf die Taten und das ‚unterlassene Übel' zu Lebzeiten an, keiner war davon befreit, Rechenschaft ablegen zu müssen.

2.2.4. Totensprüche und Totenbuch

Heute können wir sehr gut rekonstruieren, wie Totenkult und Jenseitsvorstellungen im alten Ägypten ausgesehen haben, weil so viele Schriftstücke, Inschriften und Wandbilder aus den Gräbern erhalten sind. Es sind verschiedene religiöse Schriften überliefert, die sich mit dem Jenseits beschäftigen, so zum Beispiel das *Pfortenbuch*, das die Nachtfahrt des Gottes Re thematisiert, und das *Höhlenbuch*, das ebenfalls mit Re zusammenhängt. Eine besonders wichtige Quelle ist aber das sogenannte ‚Totenbuch', das den Verstorbenen beigegeben wurde. In ihm wird geschildert, was den Toten im Jenseits erwartet. Die Ägypter selbst bezeichneten es als ‚Sprüche vom Herausgehen am Tage'.

Das Totenbuch diente dem Toten als Leitfaden auf dem Weg ins Jenseits und enthielt Zaubersprüche, um mögliche Gefahren abzuwenden und Prüfungen zu bestehen. Überhaupt sollte es

---

[12] Vgl. Graen, S. 13.

dem Verstorbenen auf dem Weg ins Jenseits helfen und seine Versorgung dort gewährleisten. Es zielte auf „ körperliche Unversehrtheit und Bewegungsfreiheit, auf Versorgung, auf Abwehr von Gefahren und Aufnahme unter die Götter"[13] ab. Das Jenseits war zwar frei von ‚irdischer Unvollkommenheit', dennoch gab es auf dem Weg dorthin Gefahren, die man überwinden musste. Dabei half das Totenbuch, indem es die richtigen Antworten und Namen lieferte, die man kennen musste, um beispielsweise Dämonen zu besänftigen oder verschlossene Tore zu öffnen. Zur Zeit der Herstellung der Totenbücher, ab ungefähr 1500 v. Chr., herrschte in Ägypten bereits die Vorstellung, dass sich jeder nach dem Tod vor dem Totengericht verantworten müsse, und so gab das Totenbuch auch wichtige Hinweise, wie man sich bei diesem Gericht zu verhalten habe und welche Antworten man geben müsse, um ein positives Urteil zu empfangen und so unter die Götter aufgenommen zu werden.

Vorläufer des Totenbuchs waren die Pyramidentexte. Ab 2350 v. Chr. wurden sie an die Wände der Pyramiden geschrieben und sollten den Pharaonen bei der Aufnahme unter die Götter behilflich sein. Aus dem Bedürfnis heraus, diesen Texten näher zu sein, wurden sie später auf der Innenseite der Särge angebracht. Es gab auch Sprüche und Totentexte auf Mumienbinden, um die Toten direkt mit der ihnen zugeschriebenen Magie zu schützen. Zu diesem Zeitpunkt (etwa 2130 v. Chr.) ließ nicht mehr nur der König diese Sprüche in seinem Sarg anbringen, sondern jeder hatte Zugang zu ihnen. Dennoch waren sie hauptsächlich (hohen) Beamten vorbehalten, weil nur sie, abgesehen vom König, sich die Anbringung dieser Sprüche leisten konnten. Die Sargsprüche wurden auch schon vereinzelt mit kleinen Bildern illustriert, sogenannten ‚Vignetten', die von besonderer Bedeutung waren, weil den Bildern die Kraft zugeschrieben wurde, das Schicksal zu beeinflussen. Manchmal wurden einzelne Sprüche und Bilder auch auf Grabwände übertragen, um eine ‚heilige Gegenwart' oder ‚Gottesnähe' zu erwirken, oder sie wurden auf Ausstattungsgegenstände wie Uschebtis (vgl. 3.4.), Mumienmasken und Amulette aufgetragen. Schließlich wurden die Sprüche und Zauberformeln in Form von Papyrusrollen den Mumien direkt beigegeben oder in Statuen im Grab des Verstorbenen deponiert. Ein solches Totenbuch umfasste etwa 200 Sprüche. Es war also kein geschlossener Komplex mit einem immer gleich bleibenden Aufbau oder einer festen Gliederung, sondern mehr eine lose Sammlung von Sprüchen, zu denen auch jederzeit neue hinzukommen konnten.[14] Den Handschriften war gemeinsam, dass sie auf Mittelägyptisch verfasst waren, einer Sprache, die zur Zeit ihrer Herstellung schon lange nicht mehr Umgangssprache war. Außerdem waren sie in der sogenannten ‚Totenbuch-Kursive' geschrieben,[15] einer Mischung aus hieratischen Zeichen, einer Variante der Hieroglyphen, und den eigentlichen Hieroglyphen.

Wieder besaßen anfangs nur die Pharaonen, später auch Vertreter der Oberschicht Totenbücher aus Papyrus, die aufgrund ihrer aufwändigen Anfertigung sehr teuer waren. Ein Toten-

---

[13] Witthuhn, S. 187.
[14] Die Bezeichnung dieser Sammlungen von Sprüchen als ‚Buch' stammt aus der Ägyptologie des 19. Jahrhunderts, als der Ägyptologe Karl Richard Lepsius seine Forschungen zu diesen Sprüchen unter dem Titel „Das Todtenbuch der Ägypter" (1842) veröffentlichte. Versionen des Totenbuchs waren zu dieser Zeit nach Europa gebracht worden, doch da Jean Francois Champollion damals die Hieroglyphen noch nicht entschlüsselt hatte, kannte man ihre Bedeutung zuerst nicht. Doch schon Lepsius kam zu dem Ergebnis, dass die Texte im ‚Totenbuch' in direktem Zusammenhang mit dem Verstorbenen standen und von seiner „lange[n] Wanderung nach dem irdischen Tode" handelten (Witthuhn, S. 184).
[15] Vgl. Witthuhn, S. 185.

buch konnte eigens auch für eine Privatperson hergestellt werden. Eine solche individuelle Anfertigung war jedoch besonders kostspielig. So diente das Buch in dieser Zeit auch als Statussymbol. In der Spätzeit gab es dann auch serienmäßig produzierte Exemplare, in die nur noch der eigene Name in dafür freigelassene Lücken eingetragen werden musste.

Totenbücher aus Papyrus waren von der Zeit des neuen Reichs bis in die griechisch-römische Epoche, die sog. ‚Ptolemäerzeit', verbreitet. Eines der ältesten überlieferten Totenbücher ist das des Sesostris aus dem 15. Jahrhundert v. Chr. Heute weiß man von etwa 25.000 Exemplaren des Totenbuchs, es wird als eine der ältesten religiösen Schriften der Welt erachtet und ist der populärste Jenseitstext in vorchristlicher Zeit. Aufgrund seiner großen Bedeutung und seines Alters wurde es als ‚Bibel' der alten Ägypter bezeichnet.

3. Praxis des Totenkults

3.1. Vorbereitung der Toten und Mumifizierung

In vorgeschichtlicher Zeit (vor 4000 v. Chr.) bestatteten die Ägypter ihre Verstorbenen entweder direkt oder in großen Körben in einfachen Gruben im Wüstensand. Durch das sehr trockene Klima und den natronhaltigen Sand wurden die Toten schon damals auf natürliche Art und Weise konserviert. Ausgehend davon und aufgrund des Glaubens, dass die Erhaltung des Körpers nötig sei für ein Weiterleben im Jenseits, legten die Ägypter größten Wert auf die körperliche Konservierung der Toten. So spielte die Mumifizierung eine zentrale Rolle im ägyptischen Totenkult.

Die Ägypter begannen ab etwa 3000 v. Chr., ihre Toten zu mumifizieren. Damals hatten sie angefangen, die Verstorbenen in eigens errichteten Grabkammern zu bestatten, weshalb keine natürliche Konservierung mehr eintreten konnte. Erst wurden die Körper der Toten nur mit harzgetränkten Leinenbinden umwickelt und dann ins Grab gelegt. Das konnte die Verwesung aber nicht vollständig verhindern. Ab 2700 v. Chr. wurden auch die inneren Organe entfernt und durch die Behandlung mit chemischen Mitteln, wie Natron, eine bessere Erhaltung des Leichnams erzielt.[16]

Starb jemand, so wurde der Leichnam nach der Totenklage der Angehörigen, die noch im Haus des Verstorbenen stattfand, in spezielle Balsamierungsstätten gebracht. Dort wurde von Priestern das Gehirn mit einem Haken durch die Nase entfernt. Der Körper wurde auf der linken Seite aufgeschnitten und die inneren Organe entnommen, nur das Herz, als Sitz von Gefühl und Verstand, blieb meist an seinem Platz. Der Leichnam wurde mit Natron behandelt und entwässert. Danach wurde er gewaschen und mit Harzen und Ölen eingesalbt, die ebenfalls den Verwesungsprozess aufhalten und Bakterienbefall verhindern sollten. Die durch die Organentnahme entstandenen Hohlräume im Körper wurden mit Harz und Leinen gefüllt. Der komplette Prozess der Balsamierung dauerte etwa 70 Tage. Die entfernten Organe (Leber, Lunge, Magen und Gedärme des Unterleibs) wurden ebenfalls konserviert und in vier Kanopenkrügen bewahrt, die beim Leichenzug hinter dem Toten hergetragen wurden. Die Kanopen trugen jeweils den Kopf eines ihrer Schutzgötter, der vier Söhne des Horus (Pavian, Mensch,

---

[16] Vgl. Graen, S. 31.

Falke, Schakal). Ab 800 v. Chr. änderte sich diese Praxis und die behandelten Eingeweide wurden wieder zurück in den mumifizierten Körper gelegt.

Bei der Einbalsamierung konnten auch äußerliche Verschönerungsmaßnahmen am Toten vorgenommen werden, wie zum Beispiel das Anbringen von Goldplättchen auf den Fingernägeln oder das Einsetzen künstlicher Augen. Dann wurde der Körper mit Mumienbinden umwickelt, wobei auch Edelsteine, magische Schutzsymbole und Amulette, die vor Gefahren schützen sollten, mit eingebunden wurden. Häufig wurde die Nachbildung eines Skarabäus auf die Brust gelegt, der ein Symbol für Wiedergeburt und Leben war. Um das Herz daran zu hindern, beim Totengericht gegen seinen Besitzer auszusagen, war auf dem Skarabäus ein Spruch aus dem Totenbuch notiert, der die Wägung positiv beeinflussen sollte. Nachdem dieser Prozess vollendet war, wurde die Mumie zur Familie zurückgeführt. Anschließend wurde eine Totenmaske mit den Gesichtszügen des Verstorbenen auf den Kopf der Mumie gelegt oder in den oft anthropomorphen Sarg eingearbeitet. In ptolemäisch-römischer Zeit wurde die Totenmaske auch durch ein sogenanntes ‚Mumienporträt' ersetzt, das direkt auf die Mumie aufgemalt werden konnte. Sowohl Totenmaske als auch Mumienporträt dienten als optisches Medium zur Erinnerung an den Toten, aber auch dazu, dass der *Ka,* wenn er sich mit dem Körper vereinte, diesen auch wiedererkannte. Während die Totenmasken eher ein Idealporträt des Verstorbenen darstellten, vermittelten die Mumienporträts ein viel individuelleres und realistischeres Bild der Person. Den anthropomorphen Sarg stellte man sich als eine Art ‚Kokon' vor, in dem der Verstorbene darauf wartete, im Jenseits wiedergeboren zu werden.

Nach Abschluss der eigentlichen Mumifizierung fanden Kultspiele zu Ehren des Toten statt, wobei Schiffsreisen zu verschiedenen Orten Ägyptens nachgespielt wurden. Sie symbolisierten die Reise des Toten ins Jenseits. Darauf folgte ein Begräbniszug zum Grab, bei dem Verwandte und Freunde des Toten, „die Totenklage ausführend",[17] teilnahmen, auch die Klagefrauen kamen hier zum Einsatz. Kurz bevor der Tote ins Grab gelegt wurde, wurde das Ritual der Mundöffnung durchgeführt. Dabei öffnete ein Priester mit verschiedenen Werkzeugen Mund, Nase, Augen und Ohren der Mumie, während gleichzeitig Zaubersprüche verlesen wurden. Dieses Ritual sollte sicherstellen, dass der Verstorbenen auch im Jenseits noch alle seine Sinne benutzen, also auch essen und trinken konnte. Nach einer Opferspeisung am Grab wurde der Tote schließlich zur Ruhe gelegt.

Wie weit die Mumifizierung durchgeführt wurde, hing davon ab, ob sich die Angehörigen diese leisten konnten. Bei der Balsamierung gab es verschiedene Preiskategorien. Meist war der sehr kostspielige komplette Prozess, der auch den Schmuck der Mumie einschloss, nur Vertretern der Oberschicht vorbehalten. In anderen Fällen konnte die Mumifizierung nur bis zu einem gewissen Punkt durchgeführt werden oder es musste ganz darauf verzichtet werden.

Durch die Prozedur der Mumifizierung erlangten die Ägypter ein außerordentlich detailliertes anatomisches Wissen, das zu großen Fortschritten im Bereich der Medizin führte. So waren ihre Ärzte bereits in der Lage, schwierige Operationen durchzuführen.

---

[17] Graen, S. 40.

3.2. Nekropolen

Die Nekropolen, die Friedhöfe der Ägypter, lagen außerhalb der Städte, meist auf der westlichen Seite des Nils, möglichst nah an der Wüste: einerseits, weil im Westen das Jenseits vermutet wurde, andererseits, um zu verhindern, dass die Nekropolen vom Fluss überschwemmt wurden.

Die Gräber wurden möglichst aus Stein errichtet, um die Toten zu schützen und um als ‚Haus der Seele des Verstorbenen' die Ewigkeit zu überdauern. Jedoch hing das auch vom Vermögen der Besitzer ab. Waren die Mittel für den Bau eines Grabes vorhanden, gab es in der Regel immer einen Unterbau mit der Grabkammer, in der der Sarg des Verstorbenen sowie die Grabbeigaben untergebracht waren. Die Grabkammer wurde nach der Bestattung nicht mehr betreten und zugemauert. Darüber befand sich ein Oberbau, wo dem Toten von Priestern oder Angehörigen Opfergaben dargebracht wurden und auch andere Besucher Zutritt hatten. Durch eine Scheintür konnte der Tote symbolisch aus dem eigentlichen Grab hervortreten und die Opfergaben entgegen nehmen. Im mittleren und neuen Reich konnte zusätzlich noch vor einer Statue, die eine Personifikation des Toten darstellte, geopfert werden. Das Grab diente also nicht nur als Bestattungsplatz, sondern auch als Ort der Verehrung und Kulthandlungen durch Lebende. In den Nekropolen wurden auch größere Feste im Zusammenhang mit dem Totenkult gefeiert, zum Beispiel das ‚Schöne Fest vom Wüstental' (vgl. 3.5.).

Die einfache Bevölkerung konnte sich aufwändige Grabbauten und auch den dazugehörigen Totenkult durch Priester nicht leisten. Ihre Gräber waren daher eher schlicht, sie besaßen nur in Ausnahmefällen einen Graboberbau. Die Verstorbenen wurden meist nur in Textilien gewickelt und in Matten gehüllt, manchmal auch in einem Holzsarg in Gruben beerdigt. Es fand keine Mumifizierung statt. Häufig war ihre Haltung nach Westen in Richtung des dort vermuteten Jenseits ausgerichtet. Manchmal markierten Stelen und Pyramidien, kleine pyramidenförmige Steine, die Gräber oder es wurde ein Tumulus über dem Grab aufgehäuft.

Für gewöhnlich wurden die Menschen auf dem Friedhof, der ihrer Gemeinde am nächsten lag, beigesetzt. Ab der 11. Dynastie gab es für die Pharaonen und hochrangige Personen aus ihrem Gefolge eigene Nekropolen, so wie das Tal der Könige, das von der 18. bis zur 20. Dynastie als Bestattungsort genutzt wurde. Eine der ältesten Nekropolen ist die von Abydos in Oberägypten, eine andere die von Sakkara, in beiden wurden in der Frühzeit Ägyptens Könige bestattet. Von besonderer Bedeutung ist auch der Friedhof von Theben-West, wo das Tal der Könige liegt.

3.3. Königsgräber am Beispiel der Cheopspyramide

Bis zum Ende der zweiten Dynastie wurden die Könige in Nekropolen beerdigt. Zu dieser Zeit waren die Gräber noch relativ schlicht, die Könige wurden nur etwas aufwändiger bestattet und ihre Gräber zeichneten sich durch bestimmte Dekorationen aus. Mit der Zeit nahm dieser Grabschmuck immer mehr zu, aus schlichten Grabhügeln entwickelten sich schon in frühdynastischer Zeit Mastabas, einstöckige, eckige Aufbauten über dem Grab, die Vorläufer der Pyramiden. Im alten Reich (etwa 3000 v. Chr.) ließ der Pharao Djoser schließlich die erste

Stufenpyramide errichten. Mit ihr vollzog sich ein bedeutender Wandel in der Grabarchitektur Ägyptens.

Pyramiden wurden von ca. 2707 bis 2180 v. Chr. erbaut. Im damals herrschenden Sonnenkult um Re war das Dreieck ein Schlüsselsymbol, und die Dreiecksformation der Pyramide symbolisierte diesen Glauben. Das Bauwerk stand für die Verbindung mit Re, die Stufen der Pyramide bildeten gewissermaßen eine zu Re in den Himmel führende Treppe. Damit versinnbildlichte die Pyramide also auch die Hoffnung auf ein Leben nach dem Tod, wie sie dem damaligen Glauben entsprach: Der König sollte nach dem Tod zu Re in den Himmel aufsteigen und mit ihm auf seiner Sonnenbarke fahren. Die enge Verbindung zwischen Pharao und Sonnengott verdeutlicht der Beiname ‚Sohn des Re‘, den die Könige der 4. Dynastie trugen. Die späteren Königsgräber im Tal der Könige waren mit der Sonnenlitanei bebildert, die eine Lobpreisung des Re darstellt.

König Snofru war der erste, der eine Pyramide ohne Stufen baute. In seiner Nachfolge (3620–2500 v. Chr.) wurden die drei großen Pyramiden auf dem Plateau von Gizeh errichtet, die als einziges der sieben Weltwunder der Antike bis heute erhalten sind. Die größte der drei Pyramiden ist die des Cheops', des Sohns Snofrus, mit einer Höhe von 139 m und einer Grundfläche von 230 m x 230 m. Ursprünglich war sie gut 7 m höher, aber durch Verwitterung ‚schrumpfte‘ sie im Lauf der Zeit. Die Pyramide besteht aus Kalksteinblöcken.[18] In ihrem Inneren befinden sich drei Kammern, die über verschiedene Gänge zugänglich sind. Einer dieser Räume liegt 30 m unter der Erdoberfläche und ist durch einen über 100 m langen Gang von Norden her zu erreichen. Von diesem Gang zweigt ein weiterer Korridor ab, der zu einer zweiten, höher gelegenen Kammer führt, beide Räume wurden jedoch nie fertiggestellt. Um die Kammer zu schützen, wurde der zweite Korridor ursprünglich absichtlich mit Steinen verschüttet. Durch eine breite Galerie gelangt man in die eigentliche Grabkammer des Königs. Diese liegt hinter einer Vorkammer und besteht vollständig aus Rosengranit ebenso wie der Sarkophag des Cheops. Auch die Vorkammer war zum Schutz vor Grabräubern mit Fallsteinen blockiert worden. Dennoch wurde die Pyramide noch im Altertum ausgeraubt, weshalb auch die Mumie des Königs nicht erhalten ist. Das Bauwerk war außerdem mit Luftschächten ausgestattet, sodass die Seele des Pharaos ungehindert in den Himmel aufsteigen konnte. Zu der Pyramide gehörte ein Totentempel, der zusammen mit dem Bau selber von einer Mauer umgeben war. Zugänglich war der Bezirk über einen Tempel im Tal, von dem man über einen Aufweg zum Totentempel und dann zur Pyramide gelangte. Von beiden Tempeln sind heute nur noch Überreste vorhanden. Die Cheops-Pyramide ist von kleineren ‚Königinnenpyramiden‘ umgeben; welche weiblichen Personen aus dem Umfeld des Cheops dort tatsächlich bestattet wurden, ist jedoch nicht genau bekannt.

Nach einem ähnlichen Bauschema, einem Tempel im Tal, einem Aufweg zum Totentempel und schließlich der Pyramide selbst, sind auch die anderen beiden Pyramiden, die des Chephren und die des Mykerinos, auf dem Königsfriedhof in Gizeh erbaut. Diese Struktur wurde maßgeblich für die von den folgenden Generationen erbauten Pyramiden. Im Lauf der Zeit, etwa ab dem ersten Jahrhundert v. Chr, rückte der Totentempel immer mehr in den Vordergrund. In diesem wurde der Totenkult ausgeübt, der verstorbene König verehrt und ihm von Priestern Opfergaben dargebracht. Ab der 11. Dynastie wurden die Könige schließlich in Fel-

---

[18] Vgl. zum Folgenden Graen, S.114–116.

sengräbern beigesetzt, die von außen nicht mehr so prunkvoll waren. Dafür waren die dazuge-hörigen Totentempel, die sich meist weit von der Grabstätte entfernt in der Ebene befanden, umso prachtvoller. In diesen wurden neben dem verstorbenen König auch bestimmte, von ihm ausgewählte Gottheiten verehrt. Das Grab wandelte sich zunehmend zu einem Kultort für die Götter.

Für den Bau einer Pyramide, der um die 15 Jahre dauern konnte, wurden 20.000 bis 30.000 Arbeiter eingesetzt, bei denen es sich aber wahrscheinlich nicht um Sklaven, sondern um bezahlte Arbeiter handelte. Diese Vermutung gründet auf Untersuchungen der Toten aus den um die Pyramide gelegenen Arbeitersiedlungen, die beweisen, dass diese zu Lebzeiten Zugang zu guter medizinischer Versorgung hatten. Zu den Arbeitern zählten auch Handwer-ker wie Zimmerleute oder Steinmetze. Die Arbeit an den Pyramiden war mit einem gewalti-gen Maß an Aufwand, technischem Wissen und handwerklichem Geschick verbunden.

3.4. Grabbeigaben

Viel über das Alltagsleben der Ägypter verraten die zahlreichen Beigaben, die man in Grä-bern fand. Tatsächlich sind mehr Alltagsgegenstände aus Gräbern erhalten als aus den Wohnstätten der Ägypter. Zwar wurden viele Gräber bereits in der Antike und selbst schon zu pharaonischer Zeit ausgeraubt.[19] Dennoch ist erstaunlich Vieles erhalten geblieben. Anhand der von Räubern verschonten Gräber, wie zum Beispiel dem des Tutanchamun, dem ersten Grab im Tal der Könige, das weitgehend unangetastet vorgefunden wurde, weiß man um den schieren Umfang an Grabbeigaben, die auch in den anderen Gräbern vorhanden gewesen sein müssen.

Grabbeigaben waren ein wichtiger Bestandteil des ägyptischen Totenkults. Die materielle Versorgung der Toten war von zentraler Bedeutung, da der Tote in altägyptischer Vorstellung auch nach seinem Tod noch die gleichen Dinge benötigte wie im Leben. So sollte das Grab denselben Komfort wie das Haus des Verstorbenen bieten. Deshalb achteten selbst arme Leute, die sich keine Mumifizierung leisten konnten, darauf, den Toten zumindest Grabbeiga-ben mitzugeben.

Abgesehen von den eigens für das Grab hergestellten Gegenständen wie Sarg oder Mumien-maske fanden sich daher viele profane Gebrauchsgüter in den Gräbern. Oft handelte es sich um dieselben Gegenstände, die schon zu Lebzeiten vom Eigentümer benutzt worden waren. Besonders häufig wurden Keramikgefäße beigegeben, da in ihnen Lebensmittel wie Getreide, Honig und Bier oder auch kostbare Essenzen aufbewahrt wurden. Außerdem wurden auch die entnommenen Organe in Krügen konserviert und begleiteten den Toten ins Grab (Kanopen-krüge). Die Lebensmittel, die mit ins Grab gegeben wurden, wurden in späterer Zeit durch Modelle ersetzt. Das war möglich, da Bilder oder Statuen dem Glauben der Ägypter nach magisch waren und die gleiche Wirkung erzielen konnten wie ihre realen Vorbilder. Andere Dinge des alltäglichen Lebens, wie zum Beispiel Stoffe, Truhen oder Schmuck, bildeten ebenfalls Grabbeigaben. Manche Beigaben waren auch spezifisch mit den Ämtern verbunden,

---

[19] Häufig stammten die Räuber aus dem Milieu der Handwerker, die mitgeholfen hatten, das Grab zu erbauen, und Kenntnis von dessen Anlage hatten.

die die Verstorbenen zu Lebzeiten ausgeübt hatten; so fand man zum Beispiel im Grab eines Militärbeamten einen Streitwagen. Es wurden aber auch Haustiere mumifiziert und mit ihren ehemaligen Besitzern beerdigt. Auch wertvoller Schmuck, Gold und Kunstwerke begleiteten diejenigen, die es sie sich leisten konnten, ins Jenseits.

Zu den Möbeln, die den Toten mitgegeben wurden, gehörte oft eine Kopfstütze, die zum Schlafen benutzt wurde. Abgesehen von ihrer praktischen Funktion hatte sie auch eine symbolische, regenerative Bedeutung. Die Aufrichtung des Kopfs drückte den Wunsch nach Wiederauferstehung im Jenseits aus, außerdem sollte sie den Toten davor bewahren, im Jenseits seinen Kopf zu verlieren, ohne den er dort nicht überleben konnte.

Weitere sehr wichtige Grabbeigaben waren die Uschebtis. Dies waren kleine menschliche Figuren, die häufig mit Werkzeugen dargestellt wurden. Sie konnten aus Holz, Stein, Wachs oder anderen Materialien gefertigt sein, und ihre Größe variierte von 5 bis 30 cm. Sie sollten im Jenseits die Arbeiten für den Toten verrichten. Der Name ‚Uschebti' kommt von dem altägyptischen Wort für ‚antworten', da die Figuren, wenn der Tote gerufen wurde, für ihn antworten sollten, beziehungsweise an seiner Stelle arbeiten. Uschebtis wurden erstmals um 2000 v. Chr. mit ins Grab gegeben. Von da an zählten sie zur häufigsten Grabausstattung. Im neuen Reich erhöhte sich schließlich die Menge der Uschebtis, die ein Toter erhalten sollte, auf die ideale Anzahl von 401 Uschebtis: für jeden der 365 Tage im Jahr einer und 36 dazugehörige Aufseher.

Zu den außergewöhnlichsten Grabbeigaben zählen wohl die zwei Schiffe, die unter der Cheops-Pyramide gefunden wurden und von denen eines gut 43 m lang ist. Boote waren eine beliebte Beigabe zur Zeit des Sonnenkults um Re, weil man sich von ihnen einen Nutzen bei der Reise mit Re auf der Sonnenbarke versprach, aber schon im alten Reich wurden sie durch kleinere Modelle ersetzt.

3.5. Miteinbeziehung der Toten ins Leben

Da der Tod in Ägypten nur als andere Daseinsform betrachtet wurde, konnten die Toten am Leben ihrer Hinterbliebenen teilhaben. Der Tod und die Toten waren ein wesentlicher Bestandteil des Lebens. Der regelmäßige Totenkult am Grab diente dazu, auch nach der Bestattung noch ‚Kontakt' mit den Verstorbenen zu halten. Eine Gelegenheit, bei der Lebende und Tote miteinander in Kontakt traten, waren die Opferspeisungen, die der Verstorbene nach ägyptischer Überzeugung benötigte, um im Jenseits zu überleben. Die älteste Überlieferung einer solchen Totenspeisung geht in die prähistorische Zeit Ägyptens zurück. Dabei sucht der Sohn seinen Vater an dessen Grab, einem einfachen Sandhügel, auf und bittet ihn, die dargebrachte Nahrung anzunehmen.[20] Das zeigt, wie tief verwurzelt die Tradition und der Glaube an die Notwendigkeit solcher Opferungen war. Üblich waren sowohl Speise- als auch Trankopfer.

Der älteste Sohn der Familie war zuständig für die Versorgung der Toten und damit auch für ihre Integration in die Gemeinschaft der Lebenden. Man konnte jedoch auch schon zu Lebzeiten einen Totenpriester beauftragen, der dann die Pflege des Grabes und des Verstorbenen

---

[20] Vgl. Hasenfratz, S. 19.

übernahm. Dabei überschrieb man einem Tempel und dessen Priestern ein Grundstück, aus dessen Erträgen die Opfergaben bereitgestellt werden sollten, Überschüsse gingen an die Priester. Durch diese Regelung (*djet*) gab es seit dem alten Reich eine komplexe Organisation der Totenpriesterschaft, woraus sich ein beachtlicher Wirtschaftszweig entwickelte. Dadurch hatten die Totenpriester im alten Ägypten eine „überdurchschnittlich intensive Lebensgemeinschaft mit den Toten".[21] Fand jedoch keine Versorgung der Toten durch Nachkommen oder Totenpriester statt, dann erfolgte der zweite, endgültige Tod.

Allerdings befürchtete man auch, dass die Verstorbenen, die keine Opfergaben bekamen, den Lebenden schaden könnten: Dass etwa der *Ach* des Toten als Rachegeist zurückkehren und sich als Krankheitsdämon in Kindern einnisten könne, da diesen besonders viel Lebensenergie zugeschrieben wurde. Für solche Fälle gab es Schutzzauber und Amulette, die diese Toten vertreiben sollten.[22] Tote hatten demnach die Macht, das Diesseits sowohl zum Guten als auch zum Bösen zu beeinflussen. Das Verhältnis zu ihnen war insgesamt ambivalent, einerseits konnten sie im Negativen wie im Positiven Macht über die Lebenden ausüben, andererseits waren sie aber auch auf deren Opfergaben angewiesen. So gab es auch die Zweckdienlichkeit des guten Verhaltens den Toten gegenüber, um sich ihren Schutz zu sichern.

3.5.1. Totenbriefe

Dass die Toten als immer noch existierend betrachtet wurden, verdeutlichen vor allem die ‚Briefe an Tote'. Durch sie wurde der Kontakt zwischen Lebenden und Toten aufrechterhalten. In diesen Briefen sprachen die Menschen den *Ach* der verstorbenen Person an, den Teil der Seele, der aus dem Jenseits Einfluss auf das Leben im Diesseits haben konnte.

Die Briefe wurden geschrieben, um sich mitzuteilen, Anliegen vorzutragen und um Hilfe bei Schicksalsschlägen oder erlittenen Ungerechtigkeiten zu erbitten. Man wollte einen positiven Einfluss der jenseitigen Kräfte erreichen. So konnte ein solcher Brief aus Anlass von Erbstreitigkeiten oder Krankheit, Kinderlosigkeit oder einer anderen negativ belastenden Lebenssituation verfasst sein.[23] Er konnte aber auch eine Beschwerde wegen einer scheinbar negativen Beeinflussung durch den Toten enthalten und an ihn appellieren, sein übles Tun einzustellen. Manchmal wurde der Tote daran erinnert, dass sein Weiterleben im Jenseits vom Totenkult der Lebenden abhänge, weshalb er die Bitten der Lebenden doch erfüllen möge.

Es gab kein allzu festgelegtes Schema der Briefe, weil jeweils persönliche Anliegen vorgetragen wurden. Dennoch besaßen sie einige Gemeinsamkeiten im Aufbau und Vokabular: So begannen die Briefe meist mit einer Anrede und Begrüßung, die mit einer Frage nach dem Befinden des Verstorbenen und guten Wünschen verbunden war.

Das Verhältnis zwischen dem Toten und dem Schreiber des Briefes war wichtig. So waren die Briefe in der Regel an eine schon zu Lebzeiten vertraute Person gerichtet, meist ein enges

---

[21] Hasenfratz, S. 64.
[22] Vgl. Hasenfratz, S. 18.
[23] Vgl. Sternberg-el Hotabi, Heike: „Ich vergaß nicht, jeden einzelnen bei seinem Namen zu nennen". Sterben, Tod und Trauer im Alten Ägypten, in: Elsas/Sternberg-el Hotabi/Witthuhn (Hrsg.), S. 7–36, hier: S. 25.

Familienmitglied. Die Götter spielten in den Briefen eine relativ geringe Rolle, es ging hauptsächlich um die ‚Interaktion' zwischen Absender und Adressaten.

Die meisten Briefe wurden auf Tonschalen geschrieben, die zugleich für Opfergaben verwendet wurden, einige Exemplare aber auch auf Papyrus und anderen Materialien. Nach der Fertigstellung wurden sie am Grab angebracht. Da nur ein Bruchteil der ägyptischen Bevölkerung lesen und schreiben konnte, nimmt man an, dass die Briefe nicht unbedingt vom Absender selbst geschrieben, sondern häufig professionelle Schreiber beauftragt wurden.

Es sind nur um die 16 dieser Briefe überliefert. Da sie aber aus unterschiedlichen Epochen der ägyptischen Geschichte stammen, geht man davon aus, dass es sich durchaus um einen weit verbreiteten Brauch handelte.

3.5.2. Totenfeste

Es gab verschiedene Wege, um die Toten an der Gemeinschaft der Lebenden teilhaben zu lassen. Auch bei den ägyptischen Totenfesten wurden Opfergaben dargebracht. Während diese für das leibliche Wohl des Toten sorgen sollten, dienten die gleichzeitig rezitierten Texte dessen geistigem Wohl. Die Totenfeste wurden in den Nekropolen gefeiert. Eines der wichtigsten Feste war das ‚Schöne Fest vom Wüstental', das von der 18. bis zur 20. Dynastie in Theben stattfand und auch Talfest genannt wurde. Es war sowohl ein Fest für den Gott Amun-Re als auch für die Verstorbenen. Auf einer Barke wurde eine Statue des Gottes über den Nil gefahren, um schließlich in einer Prozession zu den Totentempeln der verstorbenen Könige gebracht zu werden. Die einfache Bevölkerung, die von dieser Prozession ausgeschlossen war, feierte jedoch ebenfalls und fuhr über den Nil. Diese Überfahrt sollte die Verbindung zu den Toten, dem Jenseits und der Ewigkeit versinnbildlichen. Auf der anderen Seite angekommen, wurde ein Festmahl im ‚Vorhof der Götter' veranstaltet, mit dem sowohl der Toten gedacht als auch der Freude Ausdruck gegeben werden sollte, selbst noch am Leben zu sein. Musikgruppen und Tänzer sorgten für Unterhaltung. Das Fest war ein Inbegriff der zeitlichen Vorstellung von Festlichkeit. Es wurde Alkohol ausgeschenkt und die Gäste wurden dazu ermuntert, sich zu betrinken, da durch den Rausch die Grenze zwischen der Götter- und der Menschenwelt überschritten werden konnte.

Bei einer Darstellung dieses Gastmahls saßen die Gäste auf der einen Seite des Tisches, der verstorbene Grabinhaber und seine Gemahlin als Gastgeber auf der anderen. Man stellte sich also vor, dass für die Dauer des Mahles die Grenzen zwischen Jenseits und Diesseits aufgehoben waren. Durch die Begegnung mit den Toten waren die Feste aber auch als Möglichkeit für die Lebenden gedacht, um mit ihrer Trauer umzugehen. [24]

---

[24] Vgl. Bibelwissenschaft.de. URL: https://www.bibelwissenschaft.de/wibilex/das-bibellexi-kon/lexikon/sachwort/anzeigen/details/totenkult-aegypten/ch/68877ecb9b05058e98c3dffa7cd3d56f/#h7 (Aufruf am 20.05.2018).

4. Zusammenfassung, Gemeinsamkeiten mit anderen Kulturen und Ausblick

In der Hochkultur der alten Ägypter entwickelte sich ein äußerst komplexer Totenkult. Ausgehend von der Vorstellung, dass die Toten im Jenseits weiterexistierten und dass die Grenze zwischen Diesseits und Jenseits durchlässig war, entstand ein ausgefeiltes System von rituellen Handlungen, über die sowohl das Verhalten direkt nach dem Tod eines Angehörigen geregelt war als auch die weitere Grab- und Totenpflege. Die damit verbundenen Rituale und Verhaltensanweisungen erleichterten dem Einzelnen den Umgang mit der Trauer und hatten auch eine gesellschaftlich stabilisierende Funktion. Die Allgegenwärtigkeit des Todes im Altertum – die durchschnittliche Lebenserwartung betrug nur 25–30 Jahre – wurde damit kein soziales Problem. Auch wenn die meisten Gräber, nämlich die der einfachen Bevölkerung, nur sehr schlicht waren, wurden in der Oberschicht Totenkult und Bestattung auch dazu genutzt, um den eigenen Wohlstand in der Gesellschaft zur Schau zu stellen. So entstanden prachtvolle Monumentalbauten. Der Totenkult wirkte daher auch kulturstiftend. Überhaupt war er durch die verwendeten Artefakte, wie Statuetten, und natürlich die Totenbücher ein wesentlicher Teil der ägyptischen Kultur.

Insbesondere auf seine Eroberer, die Griechen und später die Römer, übte Ägypten mit seiner Hochkultur einen großen Einfluss aus. So war zum Beispiel sowohl in Ägypten als auch im alten Rom und Griechenland ein Trauerzug zum Grab üblich. Die Überzeugung, dass die Toten handlungsfähige Personen und Teil der menschlichen Gemeinschaft blieben, lag nicht nur dem ägyptischen Totenkult zu Grunde, sondern ebenfalls dem der Griechen und Syrer. So ließen diese ihren Toten noch im Grab Speisen über röhrenartige Systeme direkt zukommen. Ebenso wurden Elemente aus dem Totenbuch, nachdem es in Ägypten nicht mehr hergestellt wurde, auf römischen Leichentüchern wiedergegeben.[25] Konkurrenz für das Christentum in seiner frühen Zeit war der Isis-Kult, der sich in der Kaiserzeit und Spätantike großer Beliebtheit erfreute und auf den Mythos von der Wiedererweckung des Osiris durch Isis zurückging.

Die altägyptische Religion war also Ausgang für die Entwicklung der griechischen und römischen Mythologie bis hin zu den drei großen abrahamitischen Religionen. Anfänge des Monotheismus finden sich etwa schon im Echnaton Kult.[26] Sowohl das Alte und Neue Testament als auch der Koran wurden durch das Totenbuch, die ,Bibel der alten Ägypter', beeinflusst. Auch die ägyptische Unterscheidung des Menschen in körperliche und ,astrale' Bestandteile findet sich im Christentum mit dem Glauben an eine unsterbliche Seele, allerdings in abgewandelter Form, wieder. Die christliche Sorge um das Seelenheil gab es ebenfalls schon in der altägyptischen Religion. Die Vorstellungen des Totengerichts der alten Ägypter und die des Jüngsten Gerichts im Christentum weisen erstaunliche Parallelen auf. Die Madonna Statuen mit Jesus als Kind gehen auf Darstellungen von Isis mit ihrem Sohn Horus zurück. Selbst noch das katholischen Fest ,Allerseelen', an dem die gesamte Gemeinde auf dem Friedhof der Toten gedenkt, erinnert entfernt an die Totenbesuchsfeste der alten Ägypter. So leben Teile der ägyptischen Kultur, ohne dass wir uns dessen bewusst sind, noch in unserer heutigen Kultur fort.

---

[25] Vgl. Zsdiarsky, S. 38.
[26] Vgl. Zsdiarsky, S. 7.

Aber auch unabhängig voneinander konnten verschiedene Kulturen Gemeinsamkeiten entwickeln. Pyramiden gab es zum Beispiel in Ägypten und in Lateinamerika, auch wenn aufgrund der geographischen Entfernung keine Verbindung zwischen den Kulturen bestand. Felsenkammern als Gräber und Tumuli wurden ebenfalls sowohl in Ägypten als auch in Europa und Kleinasien verwendet.[27] Speiseopfer wiederum sind noch heute in Japan gebräuchlich: Nach buddhistischem Ritus legt die Familie einen Teil der täglichen Speisen für die Toten vor einem Hausaltar (butsudan) ab.

In unserer modernen westlichen Zivilisation haben Rituale in den letzten 150 Jahren aufgrund von Rationalismus und Säkularisierung an Stellenwert verloren. Heute suchen die Menschen jedoch wieder vermehrt nach ‚sinnerfüllten und von der Gemeinschaft mitgetragenen Ritualen'.[28] Auch alte, auf Naturvölker zurückgehende Formen der Begräbniskultur, wie etwa die ‚heidnischen' Baumbestattungen (‚Friedwald'), werden neu entdeckt.

In Ägypten ist heute der alte Totenkult weitgehend verschwunden. Stattdessen werden die Totenriten des Islams praktiziert, der mit der arabischen Eroberung 639 n. Chr. eingeführt wurde. Dabei wird nach der Feststellung des Todes der Körper innerhalb von 24 Stunden gewaschen und in ein weißes Tuch gehüllt, während Verse aus dem Koran rezitiert werden. Der Leichnam wird von den Angehörigen in eine Moschee gebracht, wo ein Totengebet abgehalten wird. Schließlich wird der Verstorbene ohne Sarg in Richtung Mekka beerdigt. Eine Begräbniszeremonie gibt es nicht. Allerdings sind die Klageweiber auch heute noch auf dem Land in Ägypten üblich, wo sie der Gemeinde den Tod eines Menschen verkünden und Solidarität mit der Trauer der Angehörigen bezeugen. Auch gibt es dort heute noch den Brauch, an bestimmten Festtagen die Gräber der Toten zu besuchen, dort zu essen und Zeit zu verbringen. In anderen islamisch geprägten Ländern gibt es diesen Brauch, am Grab zu verweilen, nicht.

Auch wenn es den altägyptischen Totenkult in dieser Form seit fast 2000 Jahren nicht mehr gibt, übt er auf uns immer noch eine starke Faszination aus. In Ansätzen lebt der Totenkult der Ägypter noch heute in unterschiedlichen Kulturen fort.

---

[27] Vgl. Graen, S. 10.
[28] Vgl. Fiedler, S. 50.

5. Anhang: Zeittafel

Zeittafel I: Ägypten

Epoche	Daten	Dynastien und Ereignisgeschichte
prädynastische Zeit	bis ca. 3150 v. Chr.	
frühdynastische Zeit	**ca. 3032–2707 v. Chr.** ca. 3000/2980–2850 v. Chr. ca. 2840–2740 v. Chr.	**1. Dynastie** **2. Dynastie**
Altes Reich	**ca. 2707–2216 v. Chr.** ca. 2740–2670 v. Chr. ca. 2670–2500 v. Chr. ca. 2500–2350 v. Chr. ca. 2318–2180 v. Chr.	**3. Dynastie** **4. Dynastie** **5. Dynastie** **6. Dynastie**
Erste Zwischenzeit	**ca. 2216–2137 v. Chr.** ca. 2166–2120 v. Chr. ca. 2120–2025/20 v. Chr.	**7./8. Dynastie** **9./10. Dynastie**
Mittleres Reich	**ca. 2137–1781 v. Chr.** ca. 2077–1938 v. Chr. ca. 1939/38–1759 v. Chr.	**11. Dynastie** **12. Dynastie**
Zweite Zwischenzeit	**ca. 1648–1550 v. Chr.** ca. 1759–1640 v. Chr. ca. 1630–1522 v. Chr. ca. 1622–1539/30 v. Chr.	**13./14. Dynastie** **15./16. Dynastie** **17. Dynastie**
Neues Reich	**ca. 1550–1070 v. Chr.** ca. 1539–1292 v. Chr. ca. 1292–1190 v. Chr. ca. 1190–1076/70 (?) v. Chr.	**18. Dynastie** **19. Dynastie** **20. Dynastie**
Dritte Zwischenzeit	**ca. 1070–664 v. Chr.** ca. 1069–945 v. Chr. ca. 945–735 v. Chr. ca. 946–880/79 v. Chr. ca. 856/55–730 v. Chr. ca. 780–657 v. Chr.	Hohepriester besteigen den Thron. **21. Dynastie** **22. Dynastie** Fremdherrschaft der Libyer über Ägypten **23. Dynastie** Fremdherrschaft der Libyer über Ägypten **24. Dynastie** Fremdherrschaft der Nubier über Ägypten **25. Dynastie**
Spätzeit	**ca. 664–332 v. Chr.** 664–525 v. Chr. 525–402 v. Chr. 404–399 v. Chr. 399–380 v. Chr. 379–341 v. Chr. 341–332 v. Chr.	**26. Dynastie** Fremdherrschaft der Perser über Ägypten **27. Dynastie** Vertreibung der Perser **28. Dynastie** **29. Dynastie** **30. Dynastie** Erneute Fremdherrschaft der Perser über Ägypten **31. Dynastie**
griechisch-römische Zeit	**332 v. Chr. – 395 n. Chr.** 332 v. Chr. 332–306 v. Chr. 306–30 v. Chr. 51–30 v. Chr. 30 v. Chr. – 395 n. Chr.	Alexander der Große befreit Ägypten von der persischen Herrschaft und gründet Alexandria. **Argeaden** **Ptolemäer** Kleopatra VII. (letzte Herrscherin aus dem Geschlecht der Ptolemäer und Ägyptens letzte Pharaonin) Ägypten ist römische Provinz.

Abbildung aus: Graen, S. 253.

Quellen

Altägyptische Religion. (URL: https://de.wikipedia.org/wiki/Alt%C3%A4gyptische_Religion, Aufruf am 19.05.2018)

Das alte Ägypten. Der Mythos über das Totengericht. (URL: https://www.aegypten-geschichte-kultur.de/das-totengericht, Aufruf am 20.05.2018)

Assmann, Jan: *Tod und Jenseits im alten Ägypten.* München 2001.

Aton. (URL: https://de.wikipedia.org/wiki/Aton, Aufruf am 15.05.2018)

Bibelwissenschaft.de (URL: https://www.bibelwissenschaft.de/wibilex/das-bibellexikon/lexikon/sachwort/anzeigen/details/totenkult-aegypten/ch/68877ecb9b05058e98c3dffa7cd3d56f/#h7, Aufruf am 20.05.2018)

Elsas, Christoph / Sternberg-el Hotabi, Heike / Witthuhn, Orell (Hrsg.): *Sterben, Tod und Trauer in den Religionen und Kulturen der Welt. Bestattungsbräuche, Totenkult und Jenseitsvorstellungen im alten Ägypten.* Berlin 2015.

Fiedler, Adelheid: *„Ich war tot und ihr habt meinen Leichnam geehrt". Unser Umgang mit den Verstorbenen.* Mainz 2001.

Graen, Dennis (Hrsg.): *Tod und Sterben in der Antike. Grab und Bestattung bei Ägyptern, Griechen, Etruskern und Römern.* Stuttgart 2011.

Hasenfratz, Hans-Peter: *Leben mit den Toten. Eine Kultur- und Religionsgeschichte der anderen Art.* Freiburg im Breisgau 1998.

Heller, Birgit / Winter, Franz (Hrsg.): *Tod und Ritual. Interkulturelle Perspektiven zwischen Tradition und Moderne.* Wien 2007.

Stilvolle Grabsteine. Die aufwendige Bestattung im Alten Ägypten – alle Infos zur Mumifizierung und der Vergleich mit heute. (URL: https://www.stilvolle-grabsteine.de/ratgeber/bestattung-im-alten-aegypten/, Aufruf am 26.05.2018)

Thür, Gerhard (Hrsg.): *Grabrituale. Tod und Jenseits in Frühgeschichte und Altertum. Akten der 3. Tagung des Zentrums Archäologie und Altertumswissenschaften an der Österreichischen Akademie der Wissenschaften 21.–22. März 2010.* Wien 2014.

Die Unterwelt im alten Ägypten. (URL: http://www.jenseits-welten.de/jenseitsvorstellungen/altes-aegypten.html, Aufruf am 19.05.2018)

Zdiarsky, Angelika (Hrsg.): *Wege zur Unsterblichkeit. Altägyptischer Totenkult und Jenseitsglaube.* Wien 2013.